故宫，我来啦！

给孩子定制的故宫游览路线图

齐晓晶　王利国 / 著　张昊天 / 绘

北京科学技术出版社

我是让让，妈妈每天都给我讲很多有趣的故事。
今天，妈妈就给我讲了明清两代皇帝的家——故宫的故事。
妈妈说，故宫在过去叫紫禁城，我好想去紫禁城看一看呀。
临睡前我躺在床上，脑海里全是关于紫禁城的想象。
然后，我就睡着了……

故宫到处都是红墙黄瓦，为什么在过去叫紫禁城呢？

在古代，皇帝被认为是天帝的儿子，所以被尊称为“天子”。而天帝居住在紫微宫里，所以皇帝就把自己居住的皇宫也加了一个“紫”字；另外，皇宫是禁地，由禁军把守，闲杂人等禁止入内，又叫禁中。于是，“紫”字与“禁”字相结合，这座皇宫就被称为紫禁城。

紫禁城是什么朝代修建的？一共住过多少位皇帝？

紫禁城建成于明永乐十八年（1420年），距今已有600多年的历史，占地面积约72万平方米，一共住过明清两朝24位皇帝。紫禁城的第一位皇帝当然就是这座紫禁城的修建者——明朝的永乐皇帝朱棣，最后一位皇帝是清朝的宣统皇帝溥仪，他被称为“末代皇帝”。

打卡地1

午门

“午门”的名字从何而来？

“午”在方位中代表南方，所以紫禁城的南门就叫午门。午门的平面呈“凹”字形，共有五座崇楼。整座建筑高低错落，明清时期被称为五凤楼，其两侧向前伸出的城楼像翅膀一样，故俗称雁翅楼。午门不仅位于紫禁城的中轴线上，也位于北京城的中轴线上。

打卡小贴士

来到午门，先不要着急进去，可以在远处仔细观察一下午门城楼的形状，还有五个门洞；站在午门外面看和进到里面看可是不一样的。穿过门洞时，还要观察一下门钉的数量和门环的造型，这些都大有讲究。

扫码获取实景课堂

午门斩首是真的吗？

“午门斩首”绝对是谣言，那谣言又是怎么来的呢？在明朝，做错事的官吏会被处以廷杖之刑，也就是拿棍子打屁股。而廷杖多是在午门执行的，由于发生过有人被打死的事，于是传来传去就变成推出午门斩首啦。到了清朝，午门不再执行廷杖之刑了，而只是打了胜仗回来庆功的地方。老百姓都不会在家门口杀鸡，避免见血不吉利，皇帝这么讲究，怎么可能在自己家门口杀人呢？

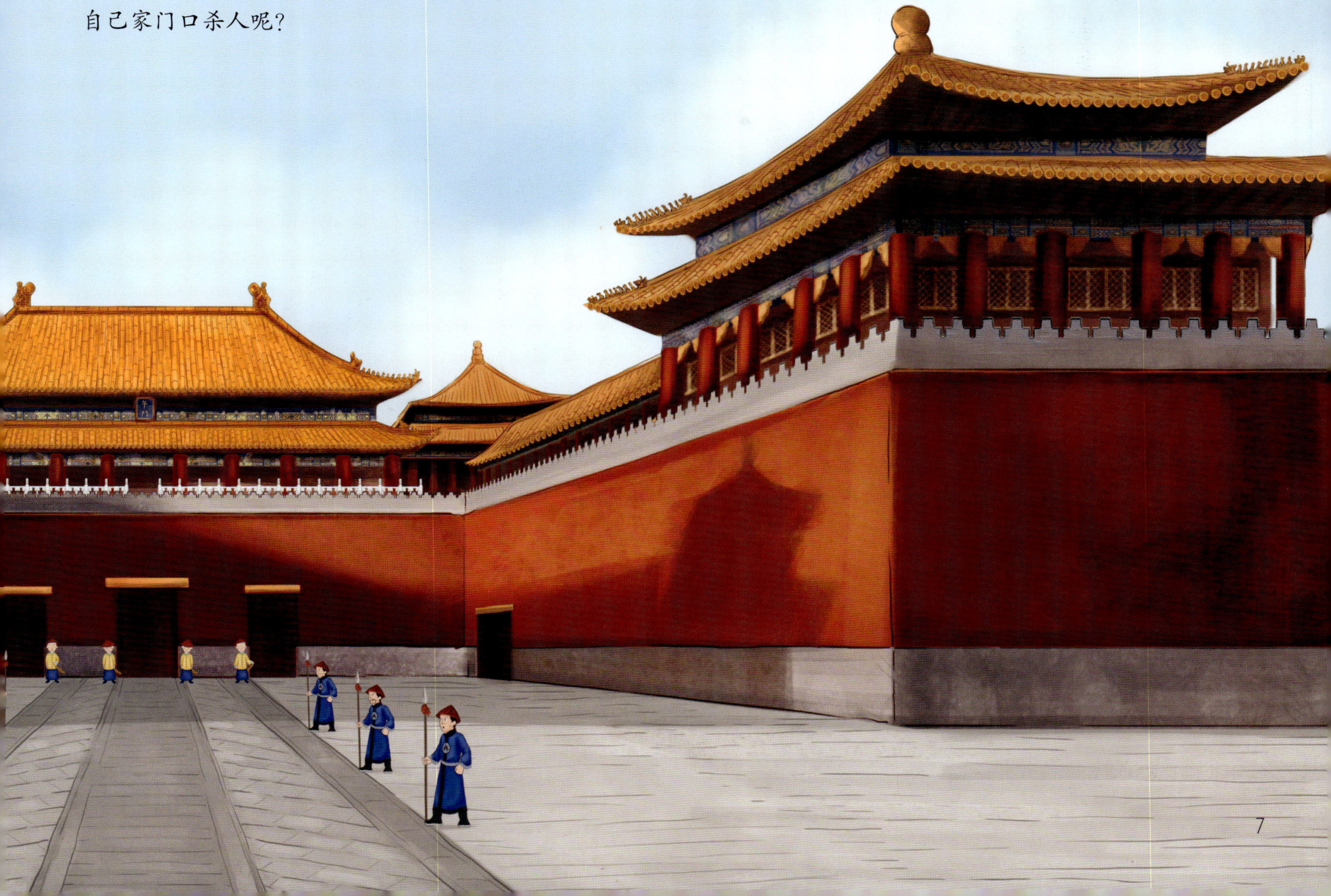

你能看出这个门洞
内外的区别吗？
好神奇！外面是方形
的，里面是圆拱形的！
它可不是狮子，它叫
椒图，是龙的儿子！
门环那儿的狮子
是你吗？

午门门洞的秘密

在午门前，要仔细观察一下。午门的门洞从外面看是方形的，从里面看是圆拱形的，这又是为什么呢？

史料上没有具体的记载，相关专家给出了不同的解读。从“天圆地方”“礼乐阴阳”到“内外方位”等都有被解读过。但无论哪种解读都不是定论，古人的想法可不是我们能轻易猜透的！

门钉数量有讲究

紫禁城里很多大门上都有一个个小凸起，这就是门钉，它们是用来区分大门等级的。等级最高的大门每扇门上有横九排、竖九列，共81颗门钉。大门每降一级，门钉会减少九颗，比如东华门这种大臣通行的门，大门上的门钉就变成了横九排、竖八列，共72颗门钉。

门环那儿的小兽是狮子吗？

宫门上经常可以看到像狮子一样的小兽，其实它的形象在老百姓家也很常见，四合院院门上嘴里衔着环的小兽就是它。有人说它是狮子，但是你仔细看，它的额头上可是长着犄角的，那它当然就不是狮子啦，它可是龙的儿子，叫椒图。传说它性格内向，忠于职守，所以古人就让它在门上负责看守门户。

打卡地2

太和门广场东侧

打卡小贴士

穿过午门门洞就能看到五座金水桥，桥下就是金水河，先不要着急过桥，因为欣赏金水河的最佳地点可不是这里，而是东边斜坡处的协和门。在这里不但能观察午门后面的结构和金水河的分布，还可以眺望整个太和门广场，在协和门北边的栏杆上你还能找到神奇的石别拉。

扫码获取
实景课堂

午门五个门洞的用途都一样吗？

其实这些门洞各有用途。中间最大的门洞，通常只有皇帝才可以走，不过也有例外，比如皇帝大婚时，皇后的喜轿可以从这个门洞抬进宫，皇后一生中只有这么一次机会从这个门洞通过；另外，殿试的前三名，也就是我们通常说的状元、榜眼、探花，皇帝会给他们一个至高无上的荣耀，就是允许他们从这个门出宫。东边那个较大的门洞是给文武百官走的，西边那个较大的门洞是给皇亲国戚走的。两侧最靠边的小门洞叫掖门，平时不开，只有举行大型活动时才会打开，文官走东门，武官走西门。

内金水河里的水是金色的吗？

穿过午门，映入眼帘的是内金水河，河里就是普通的水，那为什么叫“金水”呢？古人把“金木水火土”五行与“东南西北中”五个方位相对应，其中“金”对应的方位就是“西”。内金水河里的水是从北京城的西边流过来的，所以就叫“金水”啦。

内金水河是紫禁城排水系统中最重要的组成部分，它从紫禁城西北角流入，一直向南，在西华门附近又转向东，最后从东南角流出，汇入外面的护城河。下大雨时，紫禁城中的雨水能够顺利流入内金水河是由于紫禁城在设计时就充分利用了北京城西北高、东南低的地势特点，南北最大落差近两米。所以，在过去的几百年，紫禁城从来没有因为下雨而引发水患，这就是古代工匠的高超智慧。

这些护栏不简单

沿着内金水河向东走，上了坡道就可以看到一排排望柱，柱头很像火炬头。如果你仔细观察就会发现，这些柱头有的是实心的，有的是空心的，顶部有孔。这是怎么回事儿呢？空心的望柱有个有趣的名字——石别拉，也叫石海哨。

这样的石别拉有很多，当有外敌入侵或出现紧急情况时，士兵会将一只牛角状铜喇叭插入石别拉的孔里使劲儿吹，铜喇叭发出的声音通过石别拉放大，会发出“呜呜”声。紫禁城里的各处禁军听到声音会立刻集结，据说两分钟内就能集合完毕。有了这套报警系统，紫禁城就安全多啦。

打卡地3

太和门

打卡小贴士

顺着协和门北侧的庑（wǔ）房往北走，从左侧下斜坡，穿过广场走向太和门。脚下是经受岁月洗礼的青砖，如果幸运的话，你还能在青砖上发现“彩蛋”。走近太和门，迎接你的就是故宫里最大的两只铜狮子，要注意观察它们的造型可是不一样的。

扫码获取实景课堂

青绿色的大铜狮分雌雄吗？

来到太和门前，有两只威武的铜狮子正在等着你。它们可是紫禁城中最大的铜狮子。你一定很好奇，这两只狮子怎么还烫了头呢？其实狮子的形象是在东汉末年随着佛教传入我国的，所以狮子的发型与佛祖释迦牟尼的发型是同款呢。有人说这两只狮子一模一样，但仔细看，东侧雄狮子踩着绣球，西侧雌狮子在和其爪下的小狮子嬉戏玩耍。雌雄的区别一目了然。

雌狮
（西侧）

雄狮
（东侧）

你知道青砖上的“彩蛋”吗?

经过太和门广场时，大家一定要看看脚下的青砖。你如果运气好，就会发现有的青砖上还保留着烧造信息，记录着烧造这块青砖的窑户、工匠、时间、地点等。如果青砖没到规定年限就坏了，那么按照上面的信息就可以追查到烧造工匠，这就是古人责任到人的方法。由于饱经风霜，很多青砖上的信息都已经被风化了，能不能找到就要看你的运气啦。

打卡地4

太和殿外

打卡小贴士

穿过太和门就能看到气势恢宏的太和殿。太和殿、中和殿、保和殿都建在同一座三层汉白玉台基上。顺着台阶往上走时，可以观察一下每层底座上的螭（chī）首，它们可大有用处。来到太和殿前，在东西两侧可以看到日晷（guǐ）、嘉量、铜龟、铜鹤，别忘了屋脊上还有小兽哟。

扫码获取实景课堂

紫禁城中最高大，最威严的大殿——太和殿

太和殿就是俗称的“金銮殿”，也是整个紫禁城的核心建筑，是皇帝在元旦、冬至、万寿以及登基等重要时刻举行大朝礼的地方。

日晷

嘉量

日晷、嘉量是什么？

在太和殿东南侧可以看到中国古代最早的计时器——日晷，汉白玉圆盘上刻有时刻，与盘面垂直的是金属晷针。利用太阳的投影来判断节气和时辰。

太和殿西南侧有中国古代的标准量器——嘉量，有斛（hú）、斗、升、合、龠（yuè）五种容量单位，代表平准。日晷和嘉量摆放在太和殿前，象征着皇帝对天下的时间和农业的掌控，反映了皇帝继承古制的愿望，也代表着皇权的公正平允。

铜龟、铜鹤的寓意

如果你对动物感兴趣的话，一定会被日晷和嘉量后面的铜鹤、铜龟所吸引，它们可不单单是装饰，在举行大典时，它们是用来焚香的香炉。龟、鹤在中国古代被认为是长寿的动物，象征“万寿无疆，江山永固”。

铜龟

铜鹤

只有下雨天才能看到的奇特景观——“千龙吐水”

太和殿、中和殿、保和殿坐落在三层的汉白玉台基上，每层台基都雕着“龙头”，其实它们真正的名字叫螭首。螭在传说中是龙的儿子，喜欢在狭窄的水沟里打滚儿，它的本领就是排水。整个台基上一共雕有1142个螭首，每逢下大雨时，雨水便从这些螭嘴里的小孔排出，你就会看到“千龙吐水”的奇观。你还知道紫禁城的其他排水方法吗？

鸱吻
好高好大的屋脊呀，都可以滑滑梯了！
这可是故宫里级别最高的屋脊了！我可要给你好好讲讲！
屋脊上为什么有一排小兽呢？真奇怪，怎么还有人骑着一只鸡啊？
嘲风

垂脊上为什么蹲着一排小兽?

太和殿屋顶的每条垂脊上都蹲着一排可爱的小兽，在这些小兽前面的是骑凤仙人，就是《滥竽充数》的故事里那位喜欢听独奏的齐湣（mǐn）王。在这些小兽后面的是嘲风，也是传说中龙的第三子，象征着吉祥美好，有驱邪安宅的作用。在骑凤仙人和嘲风之间还有10只小兽，从前往后依次是龙、凤、狮子、海马、天马、押鱼、狻猊（suān ní）、獬豸（xiè zhì）、斗牛、行（háng）什。

这些小兽是用来区分大殿等级的，等级越高，小兽就越多；等级降低，小兽就会按照从后往前的顺序减少。但通常小兽的数量都是单数1、3、5、7、9，古人称这些数为阳数，那太和殿上为什么有10只呢？因为太和殿是故宫里级别最高的宫殿。它多了一个叫行什的小兽，形似传说中的雷公，古人认为它可以避雷镇火，这么重要的大殿当然缺它不可啦。

这个“吻”真大

在太和殿正脊两端，还各有一只神兽，叫鸱（chī）吻，又叫大吻或吞脊兽。传说它也是龙的儿子，喜欢登高望远，看到哪里冒烟或发生火灾就会喷水灭火，放在这里有消除火患的寓意。鸱吻多为琉璃制成，本身还有避雷的作用。紫禁城里的建筑主要是木质结构，最怕的就是火，所以古人对于防火格外重视。你能猜出这个大吻有多大吗？它足足有3.4米高、4.3吨重！可见太和殿的高大雄伟了吧。

建極綏猷
哇！金灿灿的大殿！
龙嘴里还吊着大珠子！
这可不是普通的珠子，连皇帝都怕它。

打卡地5 太和殿

这把龙椅你敢坐吗?

太和殿里最醒目的就是皇帝的龙椅，它可是明清两朝许多皇帝坐过的。龙椅上方的藻井中还有一条用木头雕刻而成的金龙，龙的口中悬挂的珠子叫轩辕镜。轩辕镜正对着下面皇帝的龙椅，传说如果龙椅上坐的是真命天子，那么金龙就会护佑他；如果是冒牌皇帝，那么金龙就会大嘴一张吐出轩辕镜砸死他。

打卡小贴士

来到太和殿门口，出于对文物的保护，大殿关闭，你是无法进入大殿的。但是透过大门还是可以看到正中摆放的龙椅以及周围的陈设。如果光线好的话，或许还能看到龙椅上方屋顶里的轩辕镜呢。

扫码获取实景课堂

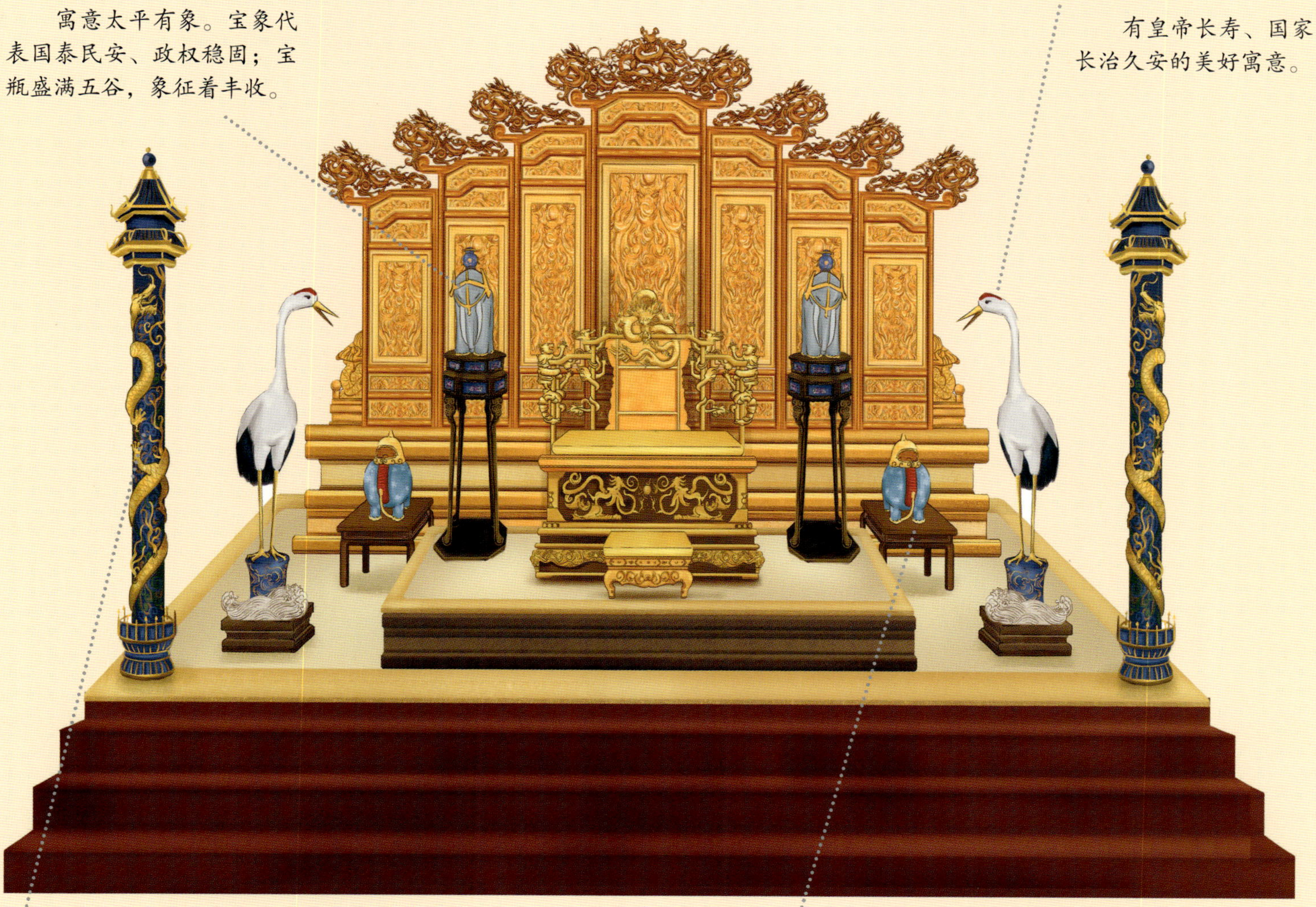

宝象驮宝瓶

寓意太平有象。宝象代表国泰民安、政权稳固；宝瓶盛满五谷，象征着丰收。

仙鹤

有皇帝长寿、国家长治久安的美好寓意。

盘龙香亭

铜胎珐琅材质，亭身上绕有蟠龙，亭下盘内燃放檀香，缕缕青烟从镂空的亭身中飘出，犹如云雾。此亭有天下大治、国泰民安之意。

角(lù)端

中国神话中可以日行一万八千里的神兽，传说它还通四方语言，见识广博，只陪伴英明的君主，并为其传书护驾。因此，摆放角端寓意着当朝君主是一代明君。

打卡地6

中和殿

打卡小贴士

太和殿东西两侧的小门旁还各摆放着两口鎏金大缸，穿过小门，就能来到中和殿。在这里可以观察一下中和殿的屋顶形状以及屋脊上的小兽与太和殿有何不同。

扫码获取实景课堂

“一亩三分地”的由来

在二月二“龙抬头”这一天，皇帝要去先农坛亲耕。亲耕的前一天，皇帝要来中和殿查验亲耕时用的农具和种子。那你猜猜皇帝亲耕要耕多少亩地呢？就是老百姓常说的“一亩三分地”。皇帝带着文武百官亲耕就是给全国的百姓做一个劝课农桑的表率。

中和殿的用途

说到中和殿，皇帝每年来这里的次数其实并不多。皇帝到天坛祭天的前一天会在中和殿读祭文；去先农坛亲耕的前一天要在这里查验农具和种子；去太和殿举行大朝礼前要在这里等吉时；玉牒修好后也在这里查看。什么是玉牒呢？其实就是皇帝的族谱。过年或者太后过生日的时候，皇帝还会在这里审阅将要赐给太后的吉祥的称号，也叫徽号，以表达对太后的孝顺。

敲黑板，这个考试很重要

乾隆五十四年（1789年），科举考试中最高一级的考试——殿试，考试地点由太和殿移到保和殿，由皇帝亲自主持。殿试合格的叫进士，进士又分三甲，一甲赐“进士及第”，只有三名，分别称状元、榜眼、探花，也就是可以从午门正中间的门洞走出紫禁城的人；后两甲赐“进士出身”和“同进士出身”，他们可就没有这个待遇啦。

保和殿

打卡地7

皇帝也要请客吃饭

中和殿后面就是保和殿，清朝时这里是每年正月十五皇帝宴请外藩（fān）、王公及一、二品大臣的地方，也是公主下嫁时宴请驸马家男宾的地方。保和殿可是清代最高级别的宴会场所，据《大清会典》记载，清代筵（yán）宴分为汉席和满席，其中满席还分6个等级，而饽（bō）饽桌则是满席的特色之一。不同规格的筵宴会设有不同数量的饽饽桌。要知道，能跟皇帝一起吃饭，可是荣誉和地位的象征。然而，跟皇帝吃饭并不是那么轻松的。宴会前要行宴飨（xiǎng）之礼，宴会结束后王公大臣们还要三跪九叩地恭送皇帝离席。通常，大臣们还会将桌上的水果、肉等食物打包带走，同家人分享这份荣耀。

打卡小贴士

绕过中和殿就是保和殿。这里可是中国古代最高级别的考场了，当然除了做考场，它还有别的用处。我们同样要观察一下保和殿屋顶的形状和屋脊上的小兽数量。

扫码获取实景课堂

打卡地8

保和殿后阶梯下

打卡小贴士

绕到保和殿的后面时，千万不要错过这座精美的云龙阶石，数一数上面有几条龙。从下面往上看更壮观呢。

扫码获取实景课堂

放错位置的云龙阶石

保和殿的后面有一块巨大的汉白玉丹陛石，上面雕刻着9条气势恢宏的巨龙，龙身下有万朵云霞，被称为“大石雕”，也叫“云龙阶石”。这块云龙阶石是由一整块石料雕刻而成，是紫禁城最大的一块石雕，其体积之巨大、雕工之精美，堪称中国古代石雕的瑰宝。据说，云龙阶石本应放在太和殿前面，那么为什么没有放到事先计划好的位置上呢？因为当时三大殿同步建造，等建好了才发现这块云龙阶石无法穿过重重宫门运抵太和殿御道，于是只能把它放在了保和殿的后面。

如此庞大的石料是怎么运来的呢？

这块石料开采于距紫禁城70多千米的房山，长约16.57米，宽约3.07米，厚约1.7米，重约200吨，要知道一头成年非洲象的体重才八吨左右。在那个没有起重机和运输车的年代，将如此庞然大物运到紫禁城中可谓大费周章。据说，当时朝廷想的办法是沿途每500米挖一口井，在严冬季节再取井水泼到路上，待路面结冰后把石头放在原木上拉运。最终，两万多名劳工和数千匹骡马耗时将近一个月的时间才把这块巨石运到了紫禁城。

打卡地9

乾清门东侧上书房

打卡小贴士

保和殿后面就是天街——前朝和后宫的分界线。进了乾清门，一定别忘了去看看乾清门东侧朝北的那排庑房，这里就是大名鼎鼎的上书房，站在房门口想象一下当年皇子们的学习场景吧。

扫码获取实景课堂

觉得学习苦？看看皇子们吧

乾清门东侧一排朝北的房子就是清代皇子们读书的地方——上书房。那些皇子们在五六岁的时候就要进上书房开始读书。每天天还没亮，他们就要离开寝宫，提着灯笼前往上书房。不论严寒酷暑，天天如此，他们一天要学习十几个小时，别说寒暑假，就连周末都没有，一年上课近360天，并且每天都有考试，也根本没有毕业和升学这回事儿。皇子们要学习的内容非常多，有汉语、满语、蒙古语、四书五经、书法、绘画、骑马、射箭等，目标是全面发展。

打卡地10

乾清宫

打卡小贴士

参观完上书房，继续往北走就是乾清宫。在门前不仅可以看到里面的龙椅等，最重要的就是那块写有“正大光明”的牌匾，它可是有许多故事的。

扫码获取实景课堂

这件事只有皇帝才知道

乾清宫从明朝到清朝康熙年间是皇帝居住的寝宫，所以周围设立了很多管理机构，如御用衣冠房、御用文具房、御药房等，其实就是为了方便皇帝的生活。在乾清宫的宝座上方悬挂着一幅牌匾，上面写着“正大光明”四个大字。

这四个大字是由清朝的顺治皇帝亲笔题写的，后来牌匾后面成为藏秘密立储诏书的地方。清朝从雍正皇帝开始实行秘密立储制度，就是皇帝提前选好皇位继承人，秘而不宣，然后拟好诏书藏在一个匣子里，再把匣子放到这块匾的后面。你也许会担心诏书被人偷换了怎么办？其实你想到的皇帝早就想到了，所以传位诏书通常会一式两份，另一份皇帝会在临终前才交托出去，只有两份诏书核对一致才能生效。皇帝的万全之策真的让人不得不佩服啊。

打卡地Ⅱ

交泰殿

打卡小贴士

穿过乾清宫两侧的通道就可以看到交泰殿，殿内最先映入眼帘的就是“无为”匾，还有东西两侧的自鸣钟和铜壶滴漏。此外，大殿里曾经还存放过乾隆皇帝的25方宝玺，就在那一个个黄色罩布下的盒子里。

扫码获取实景课堂

交泰殿存放的宝玺为什么是25方？

交泰殿里悬挂的匾额中“无为”二字是清朝康熙皇帝御笔，他想用这块匾额提醒子孙后代，作为皇帝治理天下要做到道家的“无为而治”。殿内还存放着中国古代传统计时工具铜壶滴漏及西方传入的大自鸣钟，但最重要的还数当年乾隆皇帝命内务府打造的25方宝玺。当年乾隆皇帝为何选择了25这个数字呢？因为中国历史上统治最久的朝代就是周朝，历经800多年，共传了25代，所以乾隆皇帝希望大清的江山能像周朝那样传位25代就心满意足啦。可惜，清军入关之后皇帝只传了10代，加上入关之前的努尔哈赤和皇太极，也才12代而已。

自鸣钟

清嘉庆三年（1798年）

皇后也有自己的“办公室”

交泰殿还是皇后的“办公室”。皇帝的生日叫万寿节，皇后的生日叫千秋节，千秋大典的时候，皇后就在这座大殿的宝座上接受后宫妃嫔们的朝贺。之前说了，每年二月二“龙抬头”，皇帝要去先农坛亲耕，中国讲究的是男耕女织，所以皇后也有她的工作，但不是织布，而是采桑养蚕，叫亲蚕。皇后去先蚕坛亲蚕的前一天要来这座大殿检查采桑工具。

铜壶滴漏
清嘉庆三年（1798年）

打卡地12

坤宁宫

打卡小贴士

交泰殿后面就是坤宁宫。坤宁宫前面东南处有一个不起眼的小石墩，千万不要错过。一定要仔细观察坤宁宫宫门的特别之处。坤宁宫西侧的祭祀空间、中间的三口大锅以及东侧的婚房都是很有讲究的。

扫码获取实景课堂

皇后都住在坤宁宫里吗？

坤宁宫在明朝是皇后的寝宫。清军入关之后，将坤宁宫的大门从中间改到偏东的位置，扩大了西暖阁，将西暖阁专门用于祭祀萨满教，东暖阁则改为皇帝和皇后大婚的洞房。门这样设置的房间叫口袋式房，是满族所特有的。

坤宁宫里有三口大锅，难道皇后也做饭？

一进大门，能够看到三口大柴锅，但它们并不是做饭用的，而是在萨满教祭祀时用来煮猪肉和蒸打糕的。

大祭时，皇帝会在坤宁宫邀请王公大臣吃祭肉，这是萨满祭祀的礼仪程序之一，同时还可以加强君臣之间的感情。能够被邀请对于大臣来说可是无上光荣，尽管祭肉是用白水煮的，半生不熟、毫无味道，但也要吃完，否则就是对皇帝恩赐的不敬。

坤宁宫前的小石墩你发现了吗?

坤宁宫前面东南角有个一米来高的小石墩儿，上面有个方孔，在过去是用来插索罗杆的。萨满教祭祀时要先杀猪，然后把猪血和内脏放入杆上的锡斗或木斗里喂乌鸦。据说，当年努尔哈赤兵败重伤时曾经被乌鸦所救，所以乌鸦成为清朝满族人心目中的神鸟，而索罗杆也是满族人心目中的神杆。现在，索罗杆已经不在，只剩下小石墩。

打卡地13

御花园

打卡小贴士

从坤宁宫两侧的通道往北走就是坤宁门，出了坤宁门就是御花园，一直往前走就是天一门，门前两侧各有一只铜兽。天一门里就是钦安殿——供奉玄天上帝的地方。我们可以在御花园里观赏一下古树和凉亭，最后去御花园东侧最北端看看那座用太湖石堆成的假山——堆秀山。

扫码获取实景课堂

御花园里的神话传说

天一门门前有神兽把守，它可是中国的独角兽——獬（xiè）豸（zhì），据说它也是龙的儿子，有分辨善恶的本领。天一门内就是御花园的中心建筑钦安殿，殿内供奉道教的北方水神玄天上帝——专门负责镇压紫禁城的火患。玄天上帝左右伴有龟蛇二将，传说龟蛇二将是玄天上帝的腑脏变成的，后为二天门的门将。而玄天上帝相传是由玄武幻化而成，很多人认为玄武是一只大乌龟的形象，但其实并非如此，玄武可是龟蛇同体。

御花园里的古树是分等级的

御花园是紫禁城里古树最多的地方，而且这些古树都按年龄分了等级。写着“古树一级”的红色牌子表明树龄已经在300年以上，写着“古树二级”的绿色牌子表明树龄在100—300年。另外，御花园里还有很多精美的建筑，最有特色的要数代表春夏秋冬四个季节的万春亭、浮碧亭、千秋亭和澄瑞亭。御花园东北侧还有一座用太湖石堆起来的假山——堆秀山，山上的小亭子叫御景亭，是皇帝与皇后在重阳节登高的地方。

这座西洋式建筑可暗藏玄
机，你看有好多鱼！
这不就是水族馆吗？！
要是水晶宫能建成，在水晶
宫里赏鱼才是真的好看！
端康太妃，这鱼
可真好看！
好可惜啊！

延禧宫

打卡小贴士

穿过御花园东南角的琼苑东门往南走，左边就是东六宫，延禧宫在东六宫的东南角。来到延禧宫，你会惊奇地发现它竟然是座西洋式建筑，下面还有一个大水池，在设计时它可被称为“水晶宫”呢。

扫码获取实景课堂

紫禁城里的西洋“烂尾楼”

东西六宫是明清时期后妃们居住的地方。东六宫指景仁宫、承乾宫、钟粹宫、景阳宫、永和宫、延禧宫；西六宫指永寿宫、翊坤宫、储秀宫、咸福宫、长春宫、太极殿（原为启祥宫）。这12座宫院中最与众不同的就是延禧宫，它竟然是一座西洋式建筑，并且锈迹斑斑，破败不堪，这究竟是怎么回事儿呢？

其实最初的延禧宫和其他宫院没有什么区别，但是在清道光二十五年（1845年），这座宫院被大火烧得只剩宫门，而后由于种种原因一直没能重建。直到宣统元年（1909年），隆裕太后决定斥资百万把延禧宫修建成一座四周环水、玻璃之间能养鱼的西洋式建筑——灵沼轩，俗称水晶宫。可惜最终因国库亏空没能实现，水晶宫变成了“烂尾楼”。1917年，张勋复辟，飞机投下的炸弹正好落在这里，使得水晶宫就变成了大家眼前的样子。

打卡地15

九龙壁

打卡小贴士

出了延禧宫往东，穿过苍震门就是东筒子长街，顺着长街一直向南走，左手边就是锡庆门，进了锡庆门，最先看到的就是大名鼎鼎的九龙壁，你能发现九龙壁的秘密吗？给你个小提示，从东边数第三条白龙的肚子。

扫码获取实景课堂

九龙壁的秘密

中国一共有三座九龙壁：最大的一座在山西大同；最有特色的一座在北海公园，上面共有635条大大小小的龙；故宫的九龙壁是级别最高的，它是1772年乾隆皇帝下令修建的，九条龙一共用了270块五彩琉璃砖。关于这座九龙壁还有一个“欺君”的故事。这270块琉璃砖中有一块是假的，根本不是琉璃。你不妨去找一找，看看它是不是也蒙骗了你的双眼。

仔细看看左边第三条白龙的腹部，有块“砖”其实是用楠木雕刻而成的。据说，当年在修建九龙壁的时候工期特别紧，工匠们夜以继日地干活儿，结果有个工匠一不小心打碎了一块琉璃砖。眼看竣工日期就要到了，再烧造一块根本来不及，可是无法按时完工是掉脑袋的大罪。这些工匠吓得魂不附体，认为大难临头了。这时有个工匠急中生智，用楠木雕成了一块“砖”，刷上漆一看，居然和琉璃砖融为一体，真假难辨。过了几天，乾隆皇帝来查验九龙壁，也没有发现有什么不同。

打卡地16

皇极殿东庑珍宝馆

打卡小贴士

看完九龙壁一直往北，穿过皇极门，再穿过宁寿门就是皇极殿，皇极殿的东庑房就是珍宝馆的主要展馆了，相信琳琅满目的奇珍异宝一定会让你惊叹不已。

扫码获取实景课堂

这才是大写的“奢华”

到了皇极殿院落，重点关注的就不再是宏伟的宫殿建筑，而是东庑房展出的珠宝文物啦。这里分为珠宝馆和金银器馆，其中最珍贵的两件文物就是珠宝馆的皇后凤冠和东珠朝珠，尤其是那顶1956年出土于明十三陵定陵的皇后凤冠。凤冠的主人是明神宗的王恭妃，也就是后来被追封的孝靖皇后。冠顶镶嵌三龙两凤，蓝色的点翠（翠鸟的羽毛与金属相结合的一种工艺）异常亮眼。凤冠上还镶着95块红蓝宝石、3426颗大大小小的珍珠，极尽奢华。这顶凤冠重2165克，足足有四斤多呢。但是不必担心，后妃只有在重大典礼才会佩戴凤冠。

小小朝珠寓意多

在珍宝馆里还有一个宝贝一定不能错过，它就是东珠朝珠。东珠就是东北地区乌苏里江、松花江等流域产的珍珠，清朝皇室非常看重这种珍珠，朝珠是清代官员朝服上佩戴的珠串。整串朝珠上下左右各有一颗大珠子，象征春夏秋冬四个季节，一圈共用东珠108颗，代表一年的12个月、24个节气、72候。中间垂下来的部分叫背云，佩戴时背在后背上起平衡朝珠的作用，象征“一元复始”“一统天下”。

另外，左右两侧共有三串小珠子叫记念，每串有10颗小珠子，代表每个月的上旬、中旬、下旬。大家可能很奇怪，记念怎么还一边一串儿、一边两串儿呢？古人不是都讲究对称吗？其实记念是用来区分男女佩戴朝珠时的方向的，女性佩戴时，左边一串儿、右边两串儿；男性佩戴时正好相反，左边两串儿、右边一串儿。东珠朝珠只有皇帝、皇后和皇太后在参加大典时才会佩戴。

金嵌珍珠皇后冬朝冠
清（1644—1911年）
通高30厘米　径20厘米

点翠嵌珍珠宝石金龙凤冠
明万历（1573—1620年）
高35.5厘米　径20厘米

东珠朝珠
清（1644—1911年）
周长137厘米

金累丝万年如意
清乾隆（1736—1795年）
长42.7厘米　首宽11.3厘米

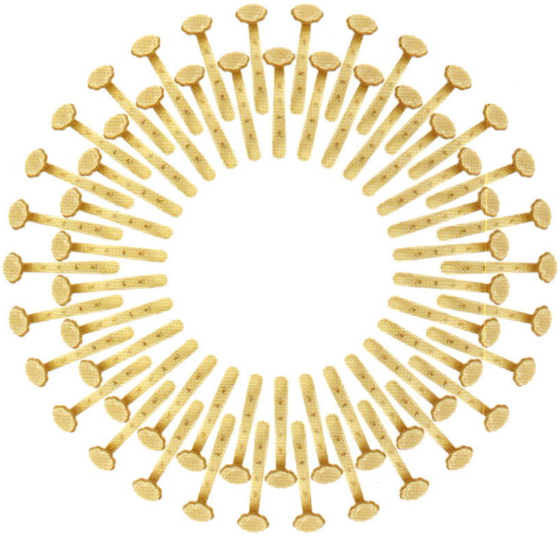

乾隆款仿汝釉花囊
清乾隆（1736—1796年）
高13厘米　口径5.8厘米
足距8.5厘米

银镀金点翠金嵌珍珠宝石结子
清（1644—1911年）
宽17厘米　高8.5厘米

翠盖碗
清（1644—1911年）
通高8厘米　口径11.6厘米

金嵌翡翠碧玺花插
清（1644—1911年）
高34.6厘米　盘径15.6厘米

金甪端形香薰
清同治十三年（1874年）
通高49厘米　座长28厘米
宽17厘米

金盖、托白玉杯
清（1644—1911年）
通高12厘米　口径8.3厘米

打卡地17

畅音阁大戏楼

打卡小贴士

看完了宝贝从两侧通道一直往北走，穿过养性门就能看到养性殿，养性殿东边的小门一进去就是宫中最大的戏楼——畅音阁。这座戏楼可是机关重重，抬头可以看到戏楼内部的天井，猜猜它是做什么用的？戏楼的对面是阅是楼，这里可是皇帝和后妃看戏的地方。

扫码获取实景课堂

这个戏楼很科学

紫禁城里最大的戏楼——畅音阁是由清朝爱看戏的乾隆皇帝命人修建的。戏楼共分三层，上层称为福台，中层称为禄台，下层称为寿台。三层戏台设天井上下贯通，并装有辘轳（lù lu）。演神仙下凡剧目时，演员可以通过辘轳利用绳索从天而降，飞天遁地无所不能。寿台底部还有水井和旱井，水井可以在演喷水的剧目时提供水源；旱井则可以扩大演员的声音，也就是古人的“音箱”。

古代的观众席

戏楼对面的阅是楼是皇帝和后妃看戏的地方，两侧厢廊便是王公大臣的陪观处。在古代，看戏是宫廷的主要娱乐项目之一，每逢春节、皇帝生日等重大节日，皇帝、后妃王公大臣等都要来此观戏。

戏楼剖面图
1 福台
2 禄台
3 寿台
4 水井
5 旱井（地井）
6 二层天井
7 三层天井
8 辘轳架
9 仙楼
10 扮戏楼
暢音閣

打卡地18

神武门

打卡小贴士

出了畅音阁继续向北，穿过乐寿堂和颐和轩，再往北就能看到珍妃井。出了贞顺门一直向西，右边就是紫禁城的北门——神武门。出了神武门，别忘了回头看看城门上悬挂的“故宫博物院”的牌匾。神武门的对面就是景山，登上景山山顶的万春亭眺望紫禁城，你就可以看到紫禁城的全貌啦。

扫码获取实景课堂

北京城中轴线上的制高点

神武门对面就是景山，明朝时称万岁山，是当年永乐皇帝朱棣（dì）迁都北京修建紫禁城时，用护城河泥土堆积而成的。由于曾经存放过朝廷用煤，俗称煤山。明崇祯十七年（1644年），李自成大军攻入北京，明思宗朱由检缢死于万岁山东南边山脚下的一棵槐树上。清军入关后，将此槐树称为“罪槐”，用铁链锁住。不过现在的“罪槐”已不是当初那棵，而是原树枯死后重新移栽的。清顺治十二年（1655年），万岁山改名为景山。清乾隆时期，在景山的五座山峰上建了五个亭子，其中最高处的万春亭是北京中轴线上的制高点，在这里能看到整个紫禁城，虽然只是背影，但是黄瓦红墙的宫殿建筑向南绵延不绝，无比壮观。

神武门的作用

神武门是紫禁城的北门，原本叫玄武门，后因避康熙皇帝玄烨的名讳而改为神武门。过去神武门内设钟鼓，与钟鼓楼相呼应，由銮仪卫负责管理，钦天监指示更点，用于起更报时。神武门上方悬挂的匾额上的“故宫博物院”五个大字是由我国著名历史学家郭沫若先生于1971年题写的。

叮铃铃
叮铃铃
叮铃铃
原来真是个梦啊！
我要去亲眼看看梦里的这条路线。
爸爸妈妈，
我们今天就去故宫吧！
让让，起床啦！